"¡Levántate y sé sano!"

Promesas de Dios para la sanidad

BENNY HINN

EDITORIAL
Carisma

Publicado por
Editorial **Carisma**
Miami, Fl. U.S.A.
Derechos reservados

Primera edición en español 1993

© 1991 por Benny Hinn
Originalmente publicado en inglés con el título:
Rise & Be Healed! por Celebration Publishers, Inc.
Orlando, Fl. 32802--0292

Traducido al español por: Concepción Montiel de Ramos
Cubierta diseñada por: Héctor Lozano
Citas bíblicas tomadas de la Biblia
Revisión de 1960 © Sociedades Bíblicas en América Latina.
Usada con permiso.

Producto 550125
ISBN 1-56063-379-4

Printed in Colombia.
Impreso en Colombia.

INDICE

Dedicatoria

Este libro es dedicado a los creyentes que necesitan un milagro de parte de Dios Todopoderoso. Que las promesas de la Palabra de Dios contenidas en estas páginas traigan vida y verdad a cada lector, produciendo una fe dinámica, irreprensible y viva para poner su confianza en el "Dios de los milagros", hoy.

¡Levántate y sana!

Dios desea que Sus hijos caminen en salud y vivan plenamente. Anhela que Su pueblo disfrute las riquezas de la salud divina y conozcan el gozo de Su toque sanador.

Hoy, sucede lo mismo que aconteció en los días de Jesús, cuando a orillas del mar de Galilea ocurrieron señales y prodigios, y se efectuaron otros milagros. Aún hoy los ciegos reciben la vista, los oídos de los sordos son abiertos, los cojos brincan sobre sus pies y caminan. Todavía suceden esas señales y maravillas.

Nunca ha habido ni habrá una "era de milagros", un tiempo específico limitado en el que Dios ha intervenido milagrosamente a favor de Sus hijos para hacer lo imposible. ¡No! Yo sirvo al "Dios de los milagros", un amante e inmutable Ser divino que ha obrado y obrará siempre lo imposible en las vidas del hombre mortal cuando clamamos a El y le pedimos con fe creyendo.

Durante los últimos años he escuchado a muchos individuos, que aunque su mejor intención ha sido consolar a alguien que sufre un dolor o una enfermedad, lamentablemente han afirmado refiriéndose a la "era de los milagros", como un período específico en el programa de Dios que tuvo lugar en el pasado. Permíteme asegurarte que Dios *quiere* que estés bien, que disfrutes al máximo de tu salud y tu vida. Con Dios, no existe la "era de los milagros". Su promesa de sanidad y salud para nosotros es la misma para esta generación, como lo fue para las generaciones antiguas.

Ni la habilidad ni la disposición de Dios están confinadas a un cierto período en la historia de la iglesia. El no cambia y es totalmente benevolente hacia Sus hijos. Su mayor deseo es que Sus hijos anden en salud y prosperen, igual que prosperan sus almas. Sin embargo, muchos no tienen una comprensión —una verdad— sobre la cual basarse para reclamar su milagro. Pueden "esperar" lo imposible, pero no tienen verdadera comprensión ni fortaleza de las promesas de Dios sobre la cual fundar y establecer su fe.

El Espíritu Santo ha puesto este proyecto en mi corazón —compilar las muchas Escrituras que hablan de la sanidad. Cada una de las Escrituras en este libro es una promesa de la Palabra de Dios para tu salud. He hecho esta colección para que puedas conocer la verdad acerca de las promesas de salud de Dios ¡y la verdad que conocerás te *hará* libre!

Vuelvo a asegurarte que Dios *quiere* que estés bien, que disfrutes al máximo de tu salud y tu vida.

Llena tu corazón de las promesas de Dios y agárrate de Su Palabra. Confía en El para recibir el milagro que necesitas. Aplica a tu vida estas Escrituras. Escóndelas en tu corazón y deja que traigan luz a tu alma.

Al leer las Escrituras de sanidad que siguen, deja que tu fe abunde y florezca; busca a Dios y deja que El haga en ti el milagro que necesitas. Abriga estas promesas. Deja que la Palabra de Dios llene tu espíritu y te fortalezca; y te exhorte a confiar en el maravilloso "Dios de los milagros".

Las promesas de Dios para la sanidad

Antiguo Testamento

La primera referencia en la Biblia que tiene que ver con la sanidad se encuentra en Génesis 20:17. Es la primera Escritura donde se menciona la sanidad.

Entonces Abraham oró a Dios; y Dios sanó a Abimelec y a su mujer, y a sus siervas, y tuvieron hijos.

Esta es la primera sanidad física registrada en la Escritura como resultado de la oración contestada.

La próxima está en Éxodo 12:13, y es la promesa de Dios para la salud.

"Y la sangre os será por señal en las casas donde vosotros estéis; y veré la sangre y pasaré de vosotros, y no habrá en vosotros plaga de mortandad cuando hiera la tierra de Egipto".

Señoras y caballeros, al leer estas escrituras que he preparado, es mi oración que el Espíritu Santo avive estas palabras en ustedes; que la Biblia cobre vida y que la Palabra enviada a través de estas páginas obre la sanidad en cada uno.

En Exodo 15:26 la Biblia promete:

"Si oyeres atentamente la voz de Jehová tu Dios, e hicieres lo recto delante de sus ojos, y dieres oído a sus mandamientos, y guardares todos sus estatutos, ninguna enfermedad de las que envié a los egipcios te enviaré a ti; porque yo soy Jehová tu sanador.

Esta promesa de sanidad tiene dos partes: las condiciones y la promesa. Las condiciones se extendieron a Israel y a todos los que escojan entrar en el pacto de Dios como fue dado a Moisés. Este mandamiento de cuatro partes era "oir atentamente la voz de Jehová", "hacer lo recto delante de sus ojos", "dar oído a sus mandamientos", y "guardar todos sus estatutos".

Si estas condiciones eran satisfechas, la promesa a Israel era "ninguna enfermedad de las que envié a los egipcios te enviaré a ti" y "yo soy Jehová tu sanador". Dios es el sanador de Su pueblo.

En esta porción de la escritura Dios se revela a sí mismo como Jehová-Ropheka, Jehová el sanador, el médico. El motivo por qué no se encontró ninguna enfermedad en los hijos de Israel que llenaron este requisito —los que obedecieron este mandamiento— fue que la promesa de Dios aquí, era que El sería su sanador. El los sanó a todos por Su palabra para probarles no sólo que El *podía* sanarles, sino que estaba *dispuesto* a hacerlo para cumplir su promesa y su pacto. Por Su palabra El los sanó y no se encontró persona alguna enferma en todas las tribus.

Las enfermedades eran y son aún una maldición sobre la humanidad que resulta de su voluntaria desobediencia a los mandamientos y las leyes de Dios, o a causa de su falta de comprensión de la provisión de Dios en cuanto a la salud y la sanidad. Donde no hay comprensión en cuanto a las promesas y las provisiones de Dios, no hay fe para apropiarnos de nuestra herencia en cuanto a la salud y la sanidad. Llena tu corazón y tu vida de la Palabra de Dios hoy. Conoce y comprende Sus promesas para ti. Deja que Dios sea hoy en ti Jehová Ropheka (Jehová el sanador).

Este pacto de sanidad continúa en Exodo 23:25-26 donde dice:

> *"Mas a Jehová vuestro Dios serviréis, y El bendecirá tu pan y tus aguas; y yo quitaré toda enfermedad de en medio de ti. No habrá mujer que aborte; ni estéril en tu tierra; y yo completaré el número de tus días".*

En el verso 25 hay una condición adicional:

> *"Mas a Jehová vuestro Dios serviréis".*

La promesa contenida en esta porción de la Escritura se encuentra en la última parte del versículo 25 —"yo quitaré toda enfermedad de en medio de ti". También se nos promete plenitud de vida —"yo completaré el número de tus días".

La historia de Moisés y los hijos de Israel en el desierto se encuentra en **Números 21:8**. Cuando la enfermedad hirió al pueblo de Dios, Dios entonces declaró a Moisés:

"Y Jehová dijo a Moisés; Hazte una serpiente ardiente, y ponla sobre una asta: y cualquiera que fuere mordido y mirare a ella, vivirá".

La serpiente en un asta es simbólica de Cristo en la cruz. La Biblia dice que cualquiera que mirare a ella sería salvo. Señoras y señores; si nosotros miramos a Jesucristo, seremos salvos. La serpiente en el asta fue el símbolo de Cristo convirtiéndose en pecado en la cruz. Mira a Cristo hoy y serás salvo.

También la Biblia declara en **Deuteronomio 4:40**

"Y guarda sus estatutos y sus mandamientos, los cuales yo te mando hoy, para que te vaya bien a ti y a tus hijos después de ti, y prolongues tus días sobre la tierra que Jehová tu Dios te da para siempre".

Cuando guardamos la Palabra de Dios y mantenemos nuestra vista en Jesús, la sanidad será nuestra de continuo.

Deuteronomio 7:15 dice:

> *"Y quitará Jehová de ti toda enfermedad; y todas las malas plagas de Egipto, que tú conoces, no las pondrá sobre ti, antes las pondrá sobre todos los que te aborrecieren".*

La enfermedad no te pertenece, y no tiene parte en el Cuerpo de Cristo. La enfermedad no nos pertenece a ninguno de nosotros. La Biblia declara que si la Palabra de Dios está en nuestra vida, habrá salud, habrá sanidad —salud divina y sanidad divina. No habrá enfermedad para el santo de Dios. Si Moisés pudo vivir una vida tan saludable, tú también puedes. La Biblia dice de Moisés en Deuteronomio 34:7

> *"Era Moisés de edad de ciento veinte años cuando murió; sus ojos nunca se oscurecieron, ni perdió su vigor".*

Pensemos en esto por un momento —ciento veinte años, y sus ojos no se oscurecieron, ni perdió su vigor. Preguntas, ¿cómo puede suceder ésto? Porque la Biblia dice que la Palabra de Dios te trae vida y salud. La palabra de Dios trae sanidad a tu cuerpo. La Palabra de Dios te fortelece y te mantiene fuerte. Moisés estaba tan saludable a la edad de ciento veinte años que su vigor natural no había disminuido.

Su vigor y fortaleza eran tan potentes al final de su vida como en su juventud. ¡Qué maravilloso es conocer la salud y la fortaleza todos los días de tu vida!

La Biblia continúa declarando poderosas promesas. Josué 14:10-11 refleja una declaración de Caleb:

"Ahora bien, Jehová me ha hecho vivir, como El dijo, estos cuarenta y cinco años, desde el tiempo que Jehová habló estas palabras a Moisés, cuando Israel andaba por el desierto; y ahora, he aquí, hoy soy de edad de ochenta y cinco años. Todavía estoy tan fuerte como el día que Moisés me envió; cual era mi fuerza entonces, tal es ahora mi fuerza para la guerra, y para salir y para entrar".

Caleb dijo: "Estoy tan fuerte hoy como cuando era joven". ¿Por qué? Porque él también tenía en su vida la Palabra de Dios.

¡Qué testimonio tan maravilloso! Caleb había disfrutado de salud toda su vida. ¡Pueblo de Dios, la salud divina es mejor que la sanidad divina! Si estás confiando en Dios por un milagro hoy, una vez que el milagro es tuyo, confía en Dios para la salud divina de ahí en adelante. —Espera vivir una vida rebosante de salud y fortaleza.

Medita por un momento en esta porción de la Escritura de Josué 14:10. Recuerda que Dios siempre cumple Su Palabra y Sus promesas al hombre.

Hubiera sido imposible que Caleb muriera cualquier día durante los cuarenta y cinco años anteriores —bien a causa de la guerra, o de la enfermedad o cualquier otro motivo— porque Dios había prometido que él viviría para heredar el lugar que había ido a espiar por mandato de Moisés. Su declaración en cuanto a su fortaleza no eran palabras de vanagloria, ni los pretextos de un anciano soñador. Más bien, su fortaleza era duradera, puesto que después de ese momento, Caleb se enfrentó a los gigantes para reclamar su herencia y los expulsó. No dejes que los gigantes de la enfermedad te roben tu herencia hoy. Echalos de tu vida y reclama la promesa de Dios de sanidad y salud.

La Biblia continúa afirmando una poderosa promesa en Jueces 6:23. Posiblemente estés desesperado esperando un milagro. Puede que tu médico te haya dicho que no hay esperanzas y que no hay nada que hacer por ti. No dejes que esas palabras se apoderen de ti. Recházalas y confía en Dios. Oro porque esta palabra se convierta en vida para ti ahora mismo, aún mientras las lees, y que estas preciosas promesas sean tuyas.

"Pero Jehová le dijo: Paz a ti; no tengas temor, no morirás".

"No tengas temor, no morirás". Si el doctor te ha dicho que no hay esperanza, recuerda que *sí* la hay. Dios dice que no tengas temor, no morirás. La plaga

que ha llegado a tu vida no permanecerá, sino que se irá.

En I Samuel 1:11-20 encontramos la historia de Ana y su oración por un hijo.

> *"E hizo voto diciendo: Jehová de los ejércitos, si te dignares mirar a la aflicción de tu sierva, y te acordares de mí, y no te olvidares de tu sierva, sino que dieres a tu sierva un hijo varón, yo lo dedicaré a Jehová todos los días de su vida, y no pasará navaja sobre su cabeza."*

> *Mientras ella oraba largamente delante de Jehová, Elí estaba observando la boca de ella Pero Ana hablaba en su corazón, y solamente se movían sus labios, y su voz no se oía; y Elí la tuvo por ebria.*
> *Entonces le dijo Elí: ¿Hasta cuándo estarás ebria? Digiere tu vino.*
> *Y Ana le respondió diciendo: No, señor mío; yo soy una mujer atribulada de espíritu; no he bebido vino ni sidra, sino que he derramado mi alma delante de Jehová.*
> *No tengas a tu sierva por una mujer impía; porque por la magnitud de mis congojas y de mi aflicción he hablado hasta ahora.*
> *Elí respondió y dijo: Ve en paz, y el Dios de Israel te otorgue la petición que le has hecho.*
> *Y ella dijo: Halle tu sierva gracia delante de tus ojos. Y se fue la mujer por su camino, y comió, y no estuvo más triste.*

> *Y levantándose de mañana, adoraron adelante de Jehová, y volvieron y fueron a su casa en Ramá. Y Elcana se llegó a Ana su mujer, y Jehová se acordó de ella.*
> *Aconteció que al cumplirse el tiempo, después de haber concebido Ana, dio a luz un hijo, y le puso por nombre Samuel, diciendo: Por cuanto lo pedí a Jehová".*

Nótese que en el versículo 18 dice "y no estuvo más triste". Ella no estuvo más triste porque tenía la seguridad en su corazón de que su oración sería concedida —que tendría al hijo que había anhelado y por el cual había orado.

Salió de allí con su corazón lleno de fe, confiando en Dios por la respuesta. El verso 19 dice: "y Jehová se acordó de ella". Imagínate cuánto gozo y realización debe haber experimentado Ana al sostener a Samuel entre sus brazos —la manifestación de la oración contestada.

La Biblia declara en II Samuel 24:25

> *"Y edificó allí David un altar a Jehová, y sacrificó holocaustos y ofrendas de paz; y Jehová oyó las súplicas de la tierra, y cesó la plaga en Israel".*

A causa de la ofrenda de David, la nación entera de Israel fue salvada de la plaga. Yo creo que si honramos la sangre, si la aplicamos y si le agradecemos

por nuestra sanidad, la plaga no se acercará a nosotros.

En II Reyes 4:33-35 encontramos:

*"Entrando él entonces, cerró la puerta
tras ambos, y oró a Jehová".*

Esto es parte de una narración en que Eliseo resu-
citó a un niño. El versículo 34 continúa:

*"Después subió y se tendió sobre el niño,
poniendo su boca sobre la boca de él, y
sus ojos sobre sus ojos, y sus manos sobre
las manos suyas; así se tendió sobre él, y el
cuerpo del niño entró en calor. Volviéndose luego, se paseó por la casa a una y otra
parte, y después subió, y se tendió sobre él
nuevamente, y el niño estornudó siete veces, y abrió sus ojos".*

¡Qué tremendo milagro en la vida de este niño a
causa de Eliseo, un verdadero profeta de Dios. El fue
diligente y perseveró hasta que el milagro llegó. El
poder milagroso de Dios no está limitado por la
enfermedad. En este caso, se extendió aun más allá
de la muerte. Nótese que Eliseo se tendió sobre el
niño dos veces —una hasta que el cuerpo entró en
calor. Después de caminar de un lado para otro en la
casa, regresó a la habitación donde se encontraba el
niño —una vez más— hasta que la vida regresó a su
cuerpo.

La historia de Naamán el leproso es otro tremendo relato acerca del poder sanador de Dios.

"El entonces descendió, y se zambulló siete veces en el Jordán, conforme a la palabra del varón de Dios; y su carne se volvió como la carne de un niño, y quedó limpio". (II Reyes 5:14)

En este milagro Dios también obró sanando a través de Eliseo. Un niño fue resucitado y Naamán fue limpio de lepra, ambos milagros por la Palabra del Dios viviente.

II Reyes 20:1-11 comparte el recuento de Ezequías que estaba enfermo de muerte. El profeta Isaías vino a él y profetizó su muerte, trayendo un aviso que le decía que debía poner su casa en orden —en otras palabras, "eh, prepárate, que vas a morir".

"En aquellos días Ezequías cayó enfermo de muerte. Y vino a él el profeta Isaías hijo de Amoz, y le dijo: Jehová dice así: Ordena tu casa, porque morirás, y no vivirás.

Entonces él volvió su rostro a la pared, y oró a Jehová y dijo: Te ruego, oh Jehová, te ruego que hagas memoria de que he andado delante de ti en las cosas que te agradan. Y lloró Ezequías con gran lloro. Y antes que Ezequías saliese hasta la mitad del patio, vino palabra de Jehová a Isaías, diciendo: Vuelve, y di a Ezequías, príncipe de mi pueblo: Así dice Jehová, el Dios de

*David tu padre: Yo he oído tu oración, y he
visto tus lágrimas; he aquí que yo te sano;
al tercer día subirás a la casa de Jehová.
Y añadiré a tus días quince años, y te libraré a ti y a esta ciudad de mano del rey de
Asiria; y ampararé esta ciudad por amor a
mí mismo, y por amor a David mi siervo.
Y dijo Isaías: Tomad masa de higos. Y to-
mándola, la pusieron sobre la llaga, y sanó.
Y Ezequías había dicho a Isaías: ¿Qué señal tendré de que Jehová me sanará, y
que subiré a la casa de Jehová al tercer
día?
Respondió Isaías: Esta señal tendrás de
Jehová, de que hará esto que ha dicho:
¿Avanzará la sombra diez grados, o retro-
cederá diez grados?
Y Ezequías respondió: Fácil cosa es que
la sombra decline diez grados; pero no
que la sombra vuelva atrás diez grados.
Entonces el profeta Isaías clamó a Jehová;
e hizo volver la sombra por los grados que
había descendido en el reloj de Acaz, diez
grados atrás".*

Aquí encontramos una asombrosa historia de
cómo la oración puede alterar el curso de los even-
tos. Ezequías estaba muy enfermo y su muerte había
sido profetizada por Isaías. Tan pronto como escu-
chó la profecía, la Biblia dice que se volvió a la pared
y oró. Básicamente lo que hizo fue conversar el
asunto con Dios —quizás hasta discutió con El. Le
recordó que había andado en verdad y le había

servido de corazón perfecto. Ezequías lloró y clamó a Dios.

Antes que Isaías tuviera tiempo de irse de la presencia de Ezequías, Dios le habló nuevamente y le dijo: Regresa y di a Ezequías que he oído su oración y he visto sus lágrimas. Dile que lo sanaré. Al tercer día subirá a la casa del Señor. Añadiré a sus días quince años y le libraré a él y a su ciudad de la mano del rey de Asiria. Yo defenderé su ciudad por amor de Mi nombre y por amor a mi siervo David.

Si necesitas un milagro hoy, no te rindas. Confía en Dios para recibir la respuesta. No importa cuál sea tu necesidad, no importa qué te ha dicho tu doctor. Clama al Señor y pídele que te sane. *Sí*, es Su voluntad que estés bien y disfrutes de una vida pletórica de salud.

En II Crónicas 30 la Biblia dice que Ezequías celebró la Pascua. Y cuando lo hizo, dice así la Palabra de Dios:

> *"Y oyó Jehová a Ezequías, y sanó al pueblo".*
> *(II Crónicas 30:20).*

Cuando se celebró la Pascua, vino la sanidad a la nación entera. Señoras y señores, cuando nosotros celebremos la Pascua, cuando honremos a Jesucristo, cuando miremos Su sangre, también habrá sanidad en nuestras vidas.

Nehemías 8:10 dice:

"Luego les dijo: Id, comed grosuras, y bebed vino dulce, y enviad porciones a los que no tienen nada preparado; porque día santo es a nuestro Señor; no os entristezcáis, porque el gozo de Jehová es vuestra fuerza".

Cuando la sanidad llega a tu cuerpo, cuando el poder de Dios toca tu vida, esa sanidad trae gozo y fortaleza a tu vida.

Job 5:18 declara:

"Porque El es quien hace la llaga, y El la vendará; El hiere, y sus manos curan".

Luego en el verso 20 del mismo capítulo dice:

"En el hambre te salvará de la muerte, y del poder de la espada en la guerra".

Dios declara que Sus manos te curan, y que en el hambre te redime y sustenta tu vida.

Qué promesa tan preciosa encontramos en Job 5:26:

"Vendrás en la vejez a la sepultura, como la gavilla de trigo que se recoge a su tiempo".

Si Jesús se tardara, la Palabra de Dios dice que no morirás de cualquier enfermedad. Recuerda que Dios no mata a Sus hijos ni los destruye. Dios no quiere que estés enfermo. Esta promesa (Job 5:26) indica que si Jesús se tardare, vendrás a la sepultura con todos tus días. La palabra *todos* indica una edad saludable. Este verso también usa el ejemplo de una gavilla de maíz. El maíz en su tiempo es tan maduro, tan perfecto, y luce tan saludable, y experimenta una existencia con propósito perfecto. Este debe representar tu vida a tu edad madura.

Job 11:17 nos da otra hermosa promesa:

"La vida te será más clara que el mediodía; aunque oscureciere, será como la mañana".

La Biblia declara que cuando te miren, cuando los demás te observen a causa del poder de Dios y la Palabra de Dios evidente en ti, que tu vida será más clara que el mediodía. No importa cuál sea tu edad en días humanos, serás como el mediodía —el momento en que el sol está en su lugar más alto, en su clímax de brillantez y belleza. El verso promete que serás como la mañana. ¡Qué pensamiento tan maravilloso! Tu edad, tu salud, brillarán como el sol y se verán tan saludables como la hermosa mañana.

Job 22:21 dice:

"Vuelve ahora en amistad con Él, y tendrás paz; y por ello te vendrá bien".

Si quieres que el bien venga a tu vida, vuelve en amistad con el Señor de los ejércitos. Conócele y ten comunión con El.

Una de mis porciones favoritas de la Escritura acerca de la sanidad está en Job 33:24-25:

"Que le diga que Dios tuvo de él misericordia, que lo libró de descender al sepulcro, que halló redención".

Pueblo de Dios, Jesucristo es la redención que Dios ha provisto. Y a causa de esa redención:

"Su carne será más tierna que la del niño, volverá a los días de su juventud". (vs.25).

Dios es misericordioso. Dios te está diciendo ahora que no tienes necesidad de caer en el foso de la enfermedad. ¿Por qué? Porque se ha encontrado redención. La Biblia dice que cuando encuentras a Jesús tu carne será más tierna que la del niño y que volverás a los días de tu juventud. Piensa en esto por un momento. No importa cuán viejo eres, ¡cómo sería volver a los días de tu mocedad y disfrutar de todas las bendiciones que corresponden a la juventud! Conocer la fuerza y la vitalidad comúnmente asociadas con la juventud y la fortaleza. Rapidez de mente; un cuerpo fuerte que te sostenga y te cargue a través de las muchas demandas y actividades que son puestos sobre ti cada día. La salud y la fortaleza son promesa de Dios para ti y para mí. Acéptala y recíbela hoy.

La Biblia también se refiere a la enfermedad como un cautiverio. Las Escrituras declaran en Job 42:10 que el Señor libró a Job de su cautividad. Es mi oración que al leer estas Escrituras sobre la sanidad junto conmigo, Dios también te libre de esa enfermedad o cautividad que te ha mantenido atado. Oro porque la unción del Espíritu Santo fluya a través de estas páginas para tocarte y librarte de tu cautiverio.

"Y quitó Jehová la aflicción de Job, cuando él hubo orado por sus amigos; y aumentó al doble todas las cosas que habían sido de Job".

David declara en el Salmo 17:8-9:

"Guárdame como a la niña de tus ojos; escóndeme bajo la sombra de tus alas, de la vista de los malos que me oprimen, de mis enemigos que buscan mi vida".

Su oración pedía que fuera librado de sus enemigos que buscaban su vida. ¿Sabías que la enfermedad también oprime? David pidió al Señor que le guardara como a la niña de Sus ojos, que le escondiera bajo la sombra de Sus alas, de la opresión de sus enemigos de muerte. Entonces continuó diciendo en el verso 11 que estos enemigos habían cercado sus pasos. La enfermedad quiere atacarte. El demonio de la enfermedad quiere atacarte, pero Dios

Todopoderoso te guardará como la niña de Sus ojos. Recuerda guardar Su palabra para que El te guarde a ti.

La Biblia declara más adelante en el Salmo 23:1:

"Jehová es mi pastor, nada me faltará".

Si haces de Dios tu pastor, —si sigues al Buen Pastor, conociendo Su protección, su provisión; la seguridad y bendiciones disponibles a sus ovejas— nada te faltará en la vida. Siempre habrá salud.

El Salmo 30:2 dice:

"Jehová Dios mío, a ti clamé, y me sanaste".

Oro porque al clamar a Jehová hoy, El te sane también. Al leer la Palabra de Dios contenida en estas páginas, oro que El traiga sanidad a tu vida.

El Salmo 41:3 contiene una maravillosa promesa para ti:

"Jehová lo sustentará sobre el lecho del dolor; Mullirás toda su cama en su enfermedad".

El Señor te sustentará sobre tu lecho de dolor y te declara que él mullirá (o en este caso destruirá) —y Dios destruirá (o traerá sanidad sobre) tu cama en tu enfermedad. Gracias por Su misericordia para con nosotros.

El Salmo 91:10 promete:

"No te sobrevendrá mal, ni plaga tocará tu morada".

¡Cuántas veces he usado esa promesa! —una y otra vez—. Ha sido para mí fuente de fortaleza tan a menudo. La Biblia dice que ninguna plaga —ninguna plaga— tocará tu morada. No te sobrevendrá mal si te escondes bajo la sombra del Omnipotente.

¿Has considerado la sombra alguna vez? No puede existir independientemente. Es una copia vaga de lo real. Cuando eres tocado por la sombra de algo o alguien, la persona o el artículo que produce la sombra debe estar cerca. Cuando nos escondemos bajo la sombra del Todopoderoso, recuerda que El está lo suficientemente cerca como para alcanzarte y tocarte. Deja que tu fe le alcance hoy y toque al Todopoderoso y recibe el milagro por el cual estás orando.

El Salmo 91:1 dice:

"El que habita al abrigo del Altísimo morará bajo la sombra del Omnipotente".

En el mismo Salmo, el próximo versículo nos exhorta a declarar esa promesa. El versículo 2 dice:

Diré yo a Jehová: Esperanza mía y castillo mío; mi Dios en quien confiaré".

En otras palabras, cuando te escondes bajo la sombra del Todopoderoso, debes decir al Señor: Tú eres mi refugio, Tú eres mi roca, en ti, Señor confío. Cuando haces esta declaración, es cuando Dios dice: Ninguna plaga tocará tu vida. Así que, declara hoy las promesas de Dios declara la Palabra de Dios para que venga la sanidad a tu vida.

El Salmo 103 comienza así:

> *"Bendice, alma mía, a Jehová, y bendiga todo mi ser su santo nombre. Bendice, alma mía a Jehová, y no olvides ninguno de Sus beneficios".*

¿Cuáles son esos beneficios?

> *"El es quien perdona todas tus iniquidades, el que sana todas tus dolencias".*

Dios ha dicho que El sana *todas* tus dolencias. La Biblia cita una cantidad de dolencias y enfermedades a través del Antiguo y del Nuevo Testamento, las cuales yo he relacionado para tu conveniencia en la página 70. El promete sanarlas *todas* —todas, todas, las que sean—. ¡todas nuestras enfermedades! Esto significa que ni un dolor de cabeza, ni un problema de sinusitis, ni un dolor de muelas, ¡nada!, ninguna enfermedad te acosará. Dios sana todas tus dolencias. Luego cotinúa:

> *"El que rescata del hoyo tu vida, el que te corona de favores y misericordias; el*

que sacia de bien tu boca, de modo que te rejuvenezcas como el águila".

Cuando la salud viene a ti, dice la Biblia que tu fortaleza será rejuvenecida como el águila.

¡Qué tremenda promesa es ésta para ti hoy! Al examinar algunas de las cualidades y características de un águila, se sabe que disfruta una vida larga, y algunas han vivido hasta cien años en la cautividad. Cada año renueva sus viejo plumaje y se viste de uno nuevo. Su fuerza es mayor que la de cualquier otra ave. Sus alas abarcan tanto espacio que puede remontarse a grandes alturas, desplegando sus alas para abrazar el aire, levantando su cuerpo más y más alto. Vuela por encima de las montañas y entre las nubes y vuelve a tierra rápidamente. Su fuerza y resistencia la hacen única. Deja que tu fe se remonte como las águilas hoy, siendo fiel, inconmovible, inalterable y renovado.

Escucha lo que dice el Salmo 105:37 acerca de los hijos de Israel:

"Los sacó con plata y oro; y no hubo en sus tribus enfermo".

El los sacó y no hubo uno —ni siquiera uno— enfermo en sus tribus. Cuando Dios sacó de Egipto a los hijos de Israel, dice la Biblia que no hubo uno —no hubo un ser humano, un niño, una madre, un padre, ninguno se enfermó entre sus tribus. No hubo enfermo entre ellos porque Dios los había sanado en Mara (Exodo 15:26; Salmo 107:20).

La disposición de Dios hacia sus hijos continúa siendo la misma. Es Su voluntad para nosotros "hoy" que disfrutemos de salud divina. Esta es nuestra promesa bajo el nuevo pacto, que es mejor en cuanto a poder y provisión que el viejo pacto. No nos contentemos con aceptar menos de lo que los hijos de Israel disfrutaron. Espera recibir lo que ha sido prometido a los hijos de Dios —salud y fortaleza perfectas.

La Biblia continúa declarando en el Salmo 107:20:

"Envió su palabra y los sanó, y los libró de su ruina".

Que esta palabra obre rápidamente en los corazones de los lectores "hoy". El envió su Palabra y los sanó, y los libró de la destrucción. Aún mientras preparaba esta colección de promesas de Dios para sanidad, ya estaba enviando Su palabra. La Biblia dice en Isaías 55:

"Mi palabra no volverá a mí vacía".

Cuando leas las palabras de estos versículos y comiencen a enraizarse en tu corazón, la fe estará incubándose dentro de ti, pues la Biblia dice:

"La fe es por el oír, y el oír, por la palabra de Dios". (Romanos 10:17).

Al leer estas promesas de Dios y oírlas y oírlas y oírlas, tu fe es desatada. La sanidad vendrá a tu vida, pues la palabra está siendo enviada a tu vida. Dios te librará de tu destrucción. ¡Aleluya para siempre! ¡Cuán grande es el Dios a quien servimos!

Luego la Biblia da otra hermosa promesa en Proverbios 4:20:

> *"Hijo mío, está atento a mis palabras; inclina tu oído a mis razones. No se aparten de tus ojos; guárdalas en medio de tu corazón".*

Si la palabra de Dios viene a nuestra vida así, entonces mira conmigo esta promesa:

> *"Hijo mío, está atento a mis palabras; inclina tu oído a mis razones".*

Cuando la Biblia nos instruye a "atender", significa *oír.* Pero cuando usa la frase "inclina tu oído", significa *no te distraigas cuando oyes.* No dejes que nada te distraiga de oír lo que dice la Palabra. No dejes que nada penetre o tome el lugar de lo que la Palabra en realidad está diciendo. Esta porción continúa en el versículo 21:

> *"No se aparten de tus ojos; guárdalas en medio de tu corazón".*

En otras palabras, léelas, escóndelas profundamente dentro de tu corazón, protégelas "Pues ellas son vida" —¿quieres que la vida venga a ti? Entonces escucha la Palabra, y no dejes que nada te distraiga de oírla. La Biblia dice que debes verla, debes leerla, debes protegerla para que no sea robada de tu corazón.

"Pues son vida a los que las hallan, y medicina a todo su cuerpo"(versículo 22).

Señoras y señores, es mi oración ahora mismo que al mirar estas hermosas promesas de la Palabra de Dios, al leer estas escrituras y guardarlas en su corazón, se conviertan en vida para su vida.

La Palabra de Dios también promete sanidad para el corazón afligido. A menudo cuando pensamos en sanidad, automáticamente relacionamos la sanidad con la necesidad física. Sin embargo, Dios promete sanidad para necesidades no-físicas —necesidades que no se hagan evidentes físicamente en la parte visible del individuo, pero que representan una oportunidad igual para un cambio milagroso en esa vida.

La Biblia también habla específicamente de este tipo de necesidad y promete sanidad a todo el que ha sufrido la angustia de un corazón afligido. El Salmo 147:3 habla de la sanidad para el corazón afligido:

"El sana a los quebrantados de corazón, y venda sus heridas".

Si alguna vez has sufrido con un quebranto de corazón, conoces el dolor interno que puede causar.

No hay venda, ni ungüento, ni tratamiento físico que pueda aliviar esa constante agonía.

Pero, si después del sufrimiento has experimentado sanidad en esa área, también conoces el tremendo impacto que la renovación puede traer a cada parte de tu ser. Todo acerca de tu existencia total es afectado por esa sanidad.

Dios promete sanidad y restauración a la persona que sufre de un corazón afligido. Posiblemente seas tú ese individuo. Si es así, clama a tu amante Padre celestial hoy y reclama esta sanidad que El prometió en el Salmo 147:3.

Isaías 33:24 dice:

"No dirá el morador: Estoy enfermo; al pueblo que more en ella le será perdonada la iniquidad".

No dirán: Estoy enfermo. Cuando la Palabra de Dios viene a tu vida. No dirás: Estoy enfermo. Cuando la Palabra de Dios es oída, cuando la Palabra de Dios entra, cuando la Palabra de Dios es leída, cuando la Palabra de Dios es protegida, la salud cubre toda tu carne. Repito *toda* tu carne. Cuando esto sucede, puedes decir lo que Isaías declara en este versículo —*"No dirá el morador: Estoy enfermo.*

¿No quisieras que fuera tuya esta declaración? Sin embargo, la Palabra de Dios debe estar en tu vida continuamente. No pierdas la Palabra. Recuerda que el oír la Palabra te trae vida.

Isaías 35:4-6:

"Decid a los de corazón apocado: Esforzáos, no temáis; he aquí que vuestro Dios viene con retribución, con pago; Dios mismo vendrá, y os salvará. Entonces los ojos de los ciegos serán abiertos, y los oídos de los sordos se abrirán. Entonces el cojo saltará como un ciervo, y cantará la lengua del mudo".

Cuando puedas decir: Ya no estoy enfermo, como declara Isaías 33:24, la enfermedad se irá. No dejes que el temor acose tu corazón. Confía en Dios hoy y apóyate en sus promesas. Los ojos del ciego *serán* abiertos —los oídos de los sordos *oirán* —el cojo *andará* —la lengua del mudo *cantará*.

Isaías 40:28-31 dice:

"¿No has sabido, no has oído que el Dios eterno es Jehová, el cual creó los confines de la tierra? No desfallece, ni se fatiga con cansancio, y su entendimiento no hay quien lo alcance".

El hombre no puede imaginar el poder inagotable del Dios Todopoderoso. Nuestro amante padre celestial se goza en derramar abundantes lluvias de bendición sobre sus hijos. Solo lo detiene el pecado del hombre rebelde contra Su Palabra. (Isaías 43:24 "...me fatigaste con tus maldades".)

> *"El da esfuerzo al cansado, y multiplica las fuerzas al que no tiene ningunas. Los muchachos se fatigan y se cansan, los jóvenes flaquean y caen; pero los que esperan a Jehová tendrán nuevas fuerzas; levantarán alas como las águilas; correrán, y no se cansarán; caminarán y no se fatigarán".*

Levantarán alas como las águilas. Las águilas tienen una facilidad de levantar vuelo y remontarse por encima de las circunstancias que las rodean, no importa su edad.

La fuerza y resistencia del águila es un dinámico ejemplo del potencial que posee el cristiano para vencer lo que puede aparecer como un obstáculo natural inalcanzable —quizás una enfermedad la cual la ciencia a llamado "incurable" o "terminal". Así como puede remontarse un águila por encima de los montes para ascender hacia el cielo, podemos hacerlo nosotros sobre nuestros enemigos de dolor y enfermedad y ser victoriosos. Correrán y no se cansarán, caminarán y no se fatigarán. Dios, ¡qué hermoso pensamiento! ¡Qué promesas tan preciosas!

Isaías 53:4-5:

> *"Ciertamente llevó El nuestras enferme-
> dades, y sufrió nuestros dolores; y nosotros
> le tuvimos por azotado, por herido de Dios
> y abatido, mas El herido fue por nuestras
> rebeliones, molido por nuestros pecados; el
> castigo de nuestra paz fue sobre El, y por
> su llaga fuimos nosotros curados".*

No hay motivo para que tú padezcas de enfermedades y sufras dolores hoy. Jesús de Nazaret las llevó
por ti. La salud y la sanidad te pertenecen. Recíbelas.

Isaías 58:8:

> *"Entonces nacerá tu luz como el alba, y
> tu salvación se dejará ver pronto..."*

Cuando Jesucristo te toca, tu luz nace como el alba
y tu salvación (o tu salud) se deja ver pronto. Eres
renovado, como el sol de la mañana renueva cada
día, e inmediatamente disfrutarás de salud perfecta.

Mira lo que dice Jeremías 8:22 ahora:

> *"¿No hay bálsamo en Galaad? ¿No hay
> allí médico? ¿Por qué, pues, no hubo me-
> dicina para la hija de mi pueblo?"*

¿Qué nos dice esta porción de la Escritura? El
bálsamo significa en la Biblia sanidad. Galaad es
usada para representar la adoración. Entonces, lo
que nos dice es "¿No hay sanidad en la adoración?"

Dios hace esta pregunta. En otras palabras, ¿no te das cuenta que cuando adores serás sanado? Esta es la promesa de Dios. El nos dice: "No sabes que hay sanidad en la adoración? ¿Por qué no eres sanado? ¿Por qué aún estás enfermo? ¿Será que no has adorado?

La adoración trae sanidad. ¿Por qué no hacer un alto ahora mismo para comenzar a adorar a Jesús? Adórale por lo que El es y por lo que ha hecho por ti —por su muerte en la cruz por ti, por derramar su sangre por ti, por perdonar tus pecados y limpiarte de tu maldad. Al hacerlo, vendrá la sanidad a tu cuerpo.

Jeremías 17:14 declara:

"Sáname, oh Jehová, y seré sano; sálvame, y seré salvo; porque tú eres mi alabanza".

Cuando le alabas, cuando le adoras, vendrán la sanidad y la salvación. El profeta Jeremías decía: "Sáname, oh Jehová, y seré sano: sálvame, y seré salvo". ¿Por qué? Porque tú eres mi alabanza. Yo te estoy alabando, te estoy dando gracias, te estoy adorando, y al hacerlo seré sanado.

Señoras y señores, ese poder está en la alabanza y la adoración. Siento la unción ahora mismo mientras leo estas escrituras y las preparo para ustedes. Recuerden, cuando miramos a Cristo, cesan los problemas.

Toma un momento ahora sólo para alabarle y adorarle, a El, a nuestro precioso Señor Jesucristo. El es digno de nuestra alabanza. Que sea alabado su nombre por siempre y siempre.

Este versículo hace una promesa doble: sanidad física y salvación. También da la seguridad que la salud será restaurada, haciendo posible que venga la salud divina después de la sanidad divina.

Jeremías 30:17:

"Mas yo haré venir sanidad para ti, y sanaré tus heridas, dice Jehová".

Cuando le adoras, cuando le alabas, cuando le exaltas, cuando le das gracias por lo que ha hecho por ti, la Biblia promete que El restaurará tu salud, que te sanará tus heridas y que tu espíritu será renovado.

También declara la Biblia en Jeremías 33:6:

"He aquí que yo les traeré sanidad y medicina; y los curaré, y les revelaré abundancia de paz y de verdad".

Dios declara que cuando vienen la salud y la cura, la paz y la tranquilidad le siguen de cerca con contentamiento. Cada una de éstas son una bendición de Dios y no pueden ser creadas artificialmente ni fabricadas por el hombre. Sólo pueden ser dadas por Dios.

Dice Oseas 11:3:

"Yo con todo eso enseñaba a andar al mismo Efraín, tomándole de los brazos; y no conoció que yo le cuidaba."

Santos de Dios, Efraín fue enseñado y aún así no reconoció el cuidado de Dios. Yo deseo enseñarte por medio de esta colección de escrituras, y oro porque tú también conozcas en lo profundo de tu corazón el cuidado y la sanidad de Dios, y que esa fe intrépida e inconmovible salte de dentro de ti para alcanzar ese milagro que estás creyendo para ti. La Biblia declara que la obra fue hecha hace 2000 años. Todo lo que tienes que hacer tú hoy, es recibir tu sanidad por fe. Todo está hecho, simplemente recíbelo.

¿Comprendes que la sanidad está ahí ya? Jesucristo te sanó hace 2000 años. Todo lo que debes hacer hoy es recibir esa sanidad, tomarla, reclamarla. ¡Alábale ahora mismo por eso!

La Biblia declara en Naúm 1:13:

"Porque ahora quebraré su yugo de sobre ti, y romperé tus coyundas".

Cuando la Palabra de Dios cobra vida así, cuando la unción es tan real, cuando puede palparse la gloria del Dios santo, ese yugo de enfermedad será roto en tu vida. Dios lo ha prometido en Su Palabra.

Solamente escucha esta hermosa promesa que encontramos en Malaquías 4:2:

"Mas a vosotros los que teméis mi nombre, nacerá el Sol de justicia, y en sus alas traerá salvación; y saldréis, y saltaréis como becerros de la manada".

Piensa en esto —cuando el Hijo del Dios Viviente, llamado aquí el Sol de justicia, suba con sanidad y salvación en sus alas, dice la Biblia que vendrán crecimiento y bendiciones a tu vida. "Saldréis, y saltaréis como becerros de la manada".

Oro porque al comenzar a revisar las escrituras en el Nuevo Testamento acerca de la sanidad, que esa misma unción con que Jesús fue ungido, toque tu vida, toque tu cuerpo, toque tu hogar.

Oración de Fe

Espíritu Santo, gracias por Tu Palabra. Gracias porque las escrituras compartidas del Antiguo Testamento en las páginas anteriores han traído vida a cada persona que las ha leído y guardado en su corazón.

Y ahora oro porque al continuar examinando Tus promesas de sanidad contenidas en el Nuevo Testamento, que la unción de tu presencia pueda ser experimentada como fue experimentada por tantos de los grandes héroes bíblicos —Pedro, Pablo, Juan, Santiago, los apóstoles, y los discípulos.

Unge a cada uno, y que este libro traiga sanidad y liberación a cada vida. En el nombre de Jesús, amén.

Referencias del Nuevo Testamento

La primera promesa que quiero examinar en el Nuevo Testamento está en Mateo 8:1:

"Cuando descendió Jesús del monte, le seguía mucha gente. Y he aquí vino un leproso y se postró ante él, diciendo: Señor, si quieres, puedes limpiarme. Jesús extendió la mano y le tocó, diciendo: Quiero; sé limpio. Y al instante su lepra desapareció".

Señoras y señores, santos de Dios, la sanidad *es* la voluntad de Dios para ti. Nunca, nunca, nunca vayáis al Señor diciendo: Si es tu voluntad... No permitas que salgan de tu boca tales palabras y destruyan tu fe. Cuando oras "si es tu voluntad, Señor...", destruyes la fe. La duda comienza a rodearte y llenará tu ser. Mantente en guardia contra palabras como éstas que te robarán tu fe y te arrastrarán a la depresión.

Es Su voluntad. Jesús dijo: Quiero. Creámosle y confiemos en El. Busca lo que dice la Biblia y luego ve al Señor, no diciendo: si fuera tu voluntad. Conoce las promesas de Dios y verás que sí es su voluntad que seas sanado y disfrutes de salud.

Jesús dijo al leproso: Quiero; sé sano. Y hoy te dice a ti: Quiero; sé sano. Nótese algo que a menudo se pasa por alto. La Biblia no dice que Jesús respondió, quiero, y luego extendió su mano. No, él primero extendió su mano y luego dijo, quiero. Te das cuenta que cuando Jesús hizo esto, estaba diciendo: Quiero tanto sanarte que te tocaré, te liberaré, comenzaré a sanarte aún antes que tú extiendas tu mano para recibir esa sanidad. Jesús estaba diciendo: Quiero. Pero yo creo que hay algo hermoso y maravilloso en el hecho de que Jesús le tocó primero y luego dijo: Quiero.

Marcos 3:1-5 dice:

> "Otra vez entró Jesús en la sinagoga; y había allí un hombre que tenía seca una mano. Y le acechaban para ver si en el día de reposo le sanaría, a fin de acusarle. Entonces dijo al hombre que tenía la mano seca: Levántate y ponte en medio. Y les dijo: ¿Es lícito en los días de reposo hacer bien, o hacer mal; salvar la vida, o quitarla? Pero ellos se callaban.
> Entonces, mirándolos alrededor con enojo, entristecido por la dureza de sus corazones, dijo al hombre: Extiende tu mano. Y él la extendió, y la mano le fue restaurada sana".

En esto vemos lo importante que es la acción para un milagro. Si quieres que Dios haga en tu vida el milagro que esperas —si quieres que Cristo te sane— debes actuar según tu fe, debes hacer algo al respecto, debes desatar tu fe. Este hombre extendió su mano y fue sanado por el poder del Dios Todopoderoso.

Marcos 5:25-34 cuenta la historia de la mujer del flujo de sangre. Esta narración es inspiradora porque ella estaba dispuesta a ser sanada, sin importarle nada más.

"Pero una mujer que desde hacía doce años padecía de flujo de sangre, "y había sufrido mucho de muchos médicos, y gastado todo lo que tenía, y nada había aprovechado, antes le iba peor.

Cuando oyó hablar de Jesús, vino por detrás entre la multitud, y tocó su manto. "Porque decía: Si tocare tan solamente su manto, seré salva. "Y en seguida la fuente de su sangre se secó; y sintió en el cuerpo que estaba sana de aquel azote.

"Luego Jesús, conociendo en sí mismo el poder que había salido de él, volviéndose a la multitud, dijo: ¿Quién ha tocado mis vestidos?

"Sus discípulos le dijeron: Ves que la multitud te aprieta, y dices: ¿Quién me ha tocado?

"Pero él miraba alrededor para ver quién había hecho esto.

"Entonces la mujer, temiendo y temblando, sabiendo lo que en ella había sido hecho,

vino y se postró delante de él, y le dijo toda la verdad.

"Y él le dijo: Hija, tu fe te ha hecho salva; ve en paz, y queda sana de tu azote.

¡Qué milagro tan maravilloso! ¡Qué tremenda sanidad! Esta mujer dijo: Si tocare tan solamente su manto, seré sana. Ella vino por detrás de la multitud --debe haber sido tal la muchedumbre que parecería un mar de gente interponiéndose entre ella y su milagro. Pero no se dio por vencida. Perseveró y se metió por dentro de la multitud y extendió su mano, dispuesta a tocar su manto, y fue sanada.

Esta porción de la escritura provee una guía simple para nosotros. En el versículo 27, ella oyó. La fe viene por el oír.

Segundo, en el mismo verso, tocó el borde de su manto. Ella activó su fe. Luego en el versículo 33 vino y le dijo que había sido sanada.

Estas son tres cosas muy importantes. Primero, oyó; segundo, actuó sobre lo que había oído; y luego, cuando recibió sanidad, testificó: He sido sanada.

La fe nace cuando oyes la Palabra de Dios. La fe viene por el oír, y oír, y oír. Cuando activas la fe, el milagro viene.

Y cuando le dices a alguien, el milagro se mantiene. Puedes mantener lo que recibes cuando lo dices.

Mantienes lo recibido al decirlo a otro. Por eso es que cuando seas sanado, no te lo calles, di a otro que has sido sanado.

Marcos 10:46-50 declara:

"Entonces vinieron a Jericó; y al salir de Jericó él y sus discípulos y una gran multitud, Bartimeo el ciego, hijo de Timeo, estaba sentado junto al camino mendigando.

"Y oyendo que era Jesús nazareno, comenzó a dar voces y a decir: ¡Jesús, Hijo de David, ten misericordia de mí!

"Y muchos le reprendían para que callase, pero él clamaba mucho más: ¡Hijo de David, ten misericordia de mí!

"Entonces Jesús, deteniéndose, mandó llamarle; y llamaron al ciego, diciéndole: Ten confianza; levántate, te llama. El entonces, arrojando su capa, se levantó y vino a Jesús.

Nótese todo lo que hubo envuelto en que el ciego Bartimeo recibiera su milagro. Primero clamó a Jesús por misericordia. Si no hubiera clamado a Jesús, Jesús no se hubiera detenido para escuchar la necesidad de Bartimeo. Simplemente hubiera seguido su camino.

Cuando clamas al Señor en fe, creyendo tu milagro, El se detendrá y todo el cielo actuará a tu favor. El versículo 48 dice que muchos le reprendían para que callase --¡no molestes al Señor! ¡Cállate, Bartimeo!

Pero él no se callaba. No se daba por vencido; estaba dispuesto a hacer conocida su necesidad. Clamó aun más alto.

Cuando Jesús lo oyó, mandó a llamarle. En este momento, Bartimeo hizo algo maravilloso --dio un paso de fe arrojando su capa.

Podrás preguntarte qué significado tenía esto. Esto representa un poderoso paso de fe de parte de Bartimeo. La capa que Bartimeo arrojó era la que en aquellos días usaba cualquiera que era ciego. Se entendía que cualquiera que usara una capa así dependía de la ayuda y la buena voluntad del público. Sin ayuda un individuo ciego no podía funcionar. Le servía como una póliza de seguro y le daba consideraciones y privilegios especiales. Por la capa, la gente reconocía que quien la usaba era ciego y que según las normas de la sociedad, debía ofrecérsele ayuda y asistencia para sus necesidades diarias —quizás acompañándole a su casa, ayudándole a comer a veces, y demás. Sin la capa, podría morir de hambre o ser abandonado e ignorado, incapaz de defenderse en su mundo oscuro y sin luz.

Todos los ciegos de su tiempo usaban este tipo de ropaje. Cuando Jesús mandó que lo trajesen, Bartimeo arrojó su capa, diciendo con esta acción: Ya no la necesito más. En lo natural, no veo aún, pero estoy a punto de recibir mi milagro. ¡Hoy es mi día!.

Esa es fe de verdad. Su paso de fe tirando la capa antes de recibir la vista fue algo dinámico. Sus ojos naturales estaban aún cerrados, pero sus ojos espirituales estaban fijos en el milagro. Tenía toda la confianza de que recibiría la vista.

Quizás debas deshacerte de los sistemas de apoyo de los que dependes y dejar que Dios intervenga milagrosamente en tu favor. Esta fe valiente y decidida de Bartimeo se hizo evidente por su total falta de vacilación. Aunque su capa era su póliza de seguro, la garantía de su provisión diaria y todo lo que necesitaba, él sabía que lo que Jesús podía darle era mucho más deseable, más valioso, sin precio. La Biblia continúa diciendo en el versículo 51:

> *"Respondiendo Jesús, le dijo: ¿Qué quieres que te haga? Y el ciego le dijo: Maestro, que recobre la vista.*

Aunque el Señor sabía que era ciego, todavía le preguntó a Bartimeo qué deseaba. Bartimeo tuvo que hacer conocida su petición hablando. Muchos de nosotros no somos sanados porque no hemos pedido un milagro. "No tenéis porque no habéis pedido".

Mateo 21:22 nos asegura esto mismo:

> *"Y todo lo que pidiereis en oración, creyendo, lo recibiréis".*

Pide tu milagro hoy, en este momento.

"Y Jesús le dijo: Vete, tu fe te ha salvado. Y en seguida recobró la vista, y seguía a Jesús en el camino".

¡El recibió inmediatamente! Un milagro instantáneo ocurrió en la vida de Bartimeo a causa de su total abandono de sí mismo y su total fe en Jesucristo.

Veamos a Lucas 6:19 ahora. Oro que esto sea una realidad en tu vida ahora.

"Y toda la gente procuraba tocarle, porque poder salía de él y sanaba a todos".

¡Qué tremendo milagro! El los sanaba a todos. Es mi oración hoy que seas uno de una multitud que, al leer estas palabras inspiradoras de la Palabra de Dios, recibas tu milagro.

Dice Lucas 17:11:

"Yendo Jesús a Jerusalén, pasaba entre Samaria y Galilea. Y al entrar en una aldea, le salieron al encuentro diez hombres leprosos, los cuales se pararon de lejos y alzaron la voz diciendo: ¡Jesús, Maestro, ten misericordia de nosotros! Cuando él los vio, les dijo: Id, mostraos a los sacerdotes. Y aconteció que mientras iban, fueron limpiados".

Mientras iban, fueron limpiados. No fueron limpiados de su lepra hasta que fueron (hasta que hubo acción); era necesario el paso de fe. Hoy al creer en Su palabra, e ir (das el paso), serás sanado y liberado.

Dice Hechos 3:1-8:

"Pedro y Juan subían juntos al templo a la hora novena, la de la oración.

"Y era traído un hombre cojo de nacimiento, a quien ponían cada día a la puerta del templo que se llama la Hermosa, para que pidiese limosna de los que entraban en el templo.

"Este, cuando vio a Pedro y a Juan que iban a entrar en el templo, les rogaba que le diesen limosna.

"Pedro, con Juan, fijando en él los ojos, le dijo: Míranos.

"Entonces él estuvo atento, esperando recibir de ellos algo.

"Mas Pedro dijo: No tengo plata ni oro, pero lo que tengo te doy; en el nombre de Jesucristo de Nazaret, levántate y anda.

"Y tomándole por la mano derecha le levantó; y al momento se le afirmaron los pies y tobillos".

Nótese que el hombre no fue sanado mientras estuvo sentado. Tampoco fue sanado cuando se paró. Fue sanado *mientras* le ayudaban a pararse. Nuevamente fue preciso el paso de fe.

Por favor, nótese lo que digo acerca del acto de fe. Con los leprosos, fueron sanados mientras iban. Con Bartimeo, fue sanado mientras arrojaba su capa. La mujer del flujo de sangre fue sanada mientras tocaba el borde del vestido. Y aquí de nuevo, el cojo que se sentaba a la puerta de la Hermosa fue sanado mientras se paraba —el milagro fue traído por la acción.

"Y saltando, se puso en pie y anduvo; y entró con ellos en el templo, andando, y saltando, y alabando a Dios". (v.8)

Hechos 5:14 nos dice:

"Y los que creían en el Señor aumentaban más, gran número así de hombres como de mujeres".

Cuando comenzaron a suceder los milagros, dice la Biblia que vinieron multitudes a causa de ellos. Cuando comiencen a suceder milagros en tu vida, tú comenzarás a afectar e influenciar personas para Dios. Vendrán y te dirán: Si has recibido tú un milagro, entonces quizás yo pueda recibir mi milagro. Dios te usará como poderoso testimonio.

"Y los que creían en el Señor aumentaban más, gran número así de hombres como de mujeres; tanto que sacaban los enfermos a las calles, y los ponían en camas y lechos, para que al pasar Pedro, a lo menos su sombra cayese sobre alguno de ellos. Y aun de las ciudades vecinas muchos venían a Jerusalén trayendo enfermos y atormentados de espíritus inmundos; y todos eran sanados". (Hechos 5:14-16)

¡Todos eran sanados! ¡Todos eran sanados! Esa es mi oración hoy. Que todos sean sanados. Yo creo que la unción será tan poderosa que veremos señales y maravillas similares a las que se vieron en Hechos 9:32-35.

> *"Aconteció que Pedro, visitando a todos, vino también a los santos que habitaban en Lida.*
> *"Y halló allí a uno que se llamaba Eneas, que hacía ocho años que estaba en cama, pues era paralítico.*
> *"Y le dijo Pedro: Eneas, Jesucristo te sana; levántate, y haz tu cama. Y en seguida se levantó.*
> *"Y le vieron todos los que habitaban en Lida y en Sarón, los cuales se convirtieron al Señor".*

Oro porque tu milagro ayude a que desde hoy muchas vidas vengan al Señor.

La Biblia dice también en Hechos 10:38 que Dios ungió a Jesús de Nazaret con el Espíritu Santo y con poder.

> *"Como Dios ungió con el Espíritu Santo y con poder a Jesús de Nazaret, y cómo éste anduvo haciendo bienes y sanando a todos los oprimidos por el diablo, porque Dios estaba con él".*

"Nótese que en Job 42:10 Dios había llamado a la enfermedad 'cautividad'. Aquí la llama 'opresión'. Señoras y señores, si la enfermedad es opresión, ¿quién la quiere? Yo sé que tú no la quieres. Es por eso que estás llenando tu corazón y tu vida con estas promesas de la Palabra de Dios. ¡Que la Palabra de Dios obre en ti la fe para que recibas hoy tu sanidad!

Más tarde en Hechos 14:9 encontramos un milagro creativo y maravilloso:

> *"Este oyó hablar a Pablo, el cual, fijando en él sus ojos, y viendo que tenía fe para ser sanado..."*

He aquí un hombre de Listra, imposibilitado de sus pies, lisiado desde el vientre de su madre, que nunca había caminado. Este hombre jamás había caminado. Dice el versículo 8 que había oído hablar al Apóstol Pablo. Al oír, se le despertó la fe.

> *"Y Pablo, viendo que tenía fe para ser sanado, dijo a gran voz: Levántate derecho sobre tus pies. Y él saltó, y anduvo".*

¡Qué milagro tan tremendo! El hombre, lisiado de nacimiento, nunca había caminado, pero oyó la Palabra de Dios y creyó. No sólo oyó, sino creyó la Palabra de Dios. Pablo lo vio en sus ojos y dijo: Ahora levántate en el nombre de Jesús. ¡Y el hombre se levantó!

Hoy, yo oro porque el mismo poder que salió de Pablo para tocar a aquel hombre en Listra, también te toque, te sane y te liberte de tu problema.

Hechos 19:11 continúa diciéndonos muchas más cosas:

"Y hacía Dios milagros extraordinarios por mano de Pablo, de tal manera que aun se llevaban a los enfermos los paños o delantales de su cuerpo, y las enfermedades se iban de ellos, y los espíritus malos salían".

Era tal la unción en su vida que hasta los pañuelos que habían sido restregados en su cuerpo y distribuidos entre los enfermos traían sanidad a los enfermos. Es esa unción, santos, la que rompe el yugo de cautividad, como declara Isaías 10:27.

Eres tan especial para Dios, y tu cuerpo y tu salud son importantes para El. Nunca debes olvidar esto ni perderlo de vista. La Biblia declara algo muy, muy importante que cada cristiano debe entender y nunca olvidar. Dice así:

"¿O ignoráis que vuestro cuerpo es templo del Espíritu Santo, el cual está en vosotros, el cual tenéis de Dios, y que no sois vuestros? Porque habéis sido comprados por precio; glorificad, pues, a Dios en vuestro cuerpo y en vuestro espíritu".

Si tu cuerpo pertenece a Dios, no debe y no puede pertenecer a la enfermedad. Esto lo encontramos en

I Corintios 6:19. Tu cuerpo es templo del Espíritu Santo, y si es templo del Espíritu Santo no es templo de enfermedad. Si tu cuerpo pertenece a Dios, no puede ni debe pertenecer a la enfermedad. Hoy, al leer esta poderosa escritura referente a la sanidad, cree y recibe lo que te pertenece.

Entonces en II Corintios 4:10 declara:

> *"Llevando en el cuerpo siempre por todas partes la muerte de Jesús, para que también la vida de Jesús se manifieste en nuestros cuerpos".*

La Biblia dice que si recordamos la cruz, y recordamos lo que ha hecho por nosotros, esto será manifiesto en nuestros cuerpos. Por eso dijo Jesús: Tomad, comed, éste es mi cuerpo que por vosotros es partido. Su cuerpo fue roto para que el mío fuera hecho sano.

Cuando miramos la cruz y vemos lo que El ha hecho por nosotros, entonces la vida de Jesús será manifiesta en nuestro cuerpo. La Biblia continúa diciendo en el versículo 11:

> *"Porque nosotros que vivimos, siempre estamos entregados a muerte por causa de Jesús, para que también la vida de Jesús se manifieste en nuestra carne mortal".*

El versículo 10 dice que la vida de Jesús sea manifiesta en nuestro cuerpo. El versículo 11 dice que la vida de Jesús sea manifiesta en nuestra carne mortal. Dios quiere que Su vida y Su poder sanador sean manifiestos en tu vida y en tu hogar.

Y ahora dice la Biblia en Efesios 5:23 que Jesucristo es el salvador del cuerpo. No sólo es el salvador del alma, él es el salvador del cuerpo. Señoras y señores, podemos gritar:

"Tú eres el salvador de mi cuerpo, Señor Jesús, tú eres el salvador de mi alma".

Si Jesucristo es el salvador de tu cuerpo, entonces tu cuerpo debe ser hecho sano.

En Santiago 5:13 declara:

"¿Está alguno de vosotros afligido? Haga oración. ¿Está alguno alegre? Cante alabanzas".

Si estás afligido por la enfermedad, la Biblia te manda a orar --pídele que te sane.

"¿Está alguno enfermo entre vosotros? Llame a los ancianos de la iglesia, y oren por él, ungiéndole con aceite en el nombre del Señor. Y la oración de fe salvará al enfermo, y el Señor lo levantará; y si hubiere cometido pecados, le serán perdonados. Confesaos vuestras ofensas unos a otros, y orad unos por otros, para que seáis sanados".

La Biblia continúa diciendo en I Pedro 2:24:

"Quien llevó él mismo nuestros pecados en su cuerpo sobre el madero, para que nosotros, estando muertos a los pecados, vivamos a la justicia; y por cuya herida fuisteis sanados".

Señoras y señores, su sanidad ya ha tomado lugar. "Por cuya herida *fuisteis* sanados".

La Biblia dice en III Juan, versículo 2:

"Amado, yo deseo que tú seas prosperado en todas las cosas, y que tengas salud, así como prospera tu alma".

En I Pedro 2:24 dice "por cuya herida fuisteis sanados". Y leemos en III Juan que es el mayor deseo de Dios para ti --el mayor deseo de Dios para la Iglesia de Jesucristo-- que andemos en perfecta salud. ¿Por qué viene la salud? Escucha lo que dice la Biblia en los siguientes versículos de III Juan:

"Pues mucho me regocijé cuando vinieron los hermanos y dieron testimonio de tu verdad, de cómo andas en la verdad. No tengo yo mayor gozo que éste, el oír que mis hijos andan en la verdad". (vs.3)

Pueblo de Dios, aquí es declarado por qué viene la sanidad. Dice:

"Amado, yo deseo que tú seas prosperado en todas las cosas, y que tengas salud, así como prospera tu alma".

Luego continúa exhortándonos a andar en la verdad. Recordemos que la verdad que conocemos nos hará libres, nos traerá libertad y comprensión a nuestra vida y a nuestra alma.

La verdad es mencionada tres veces en este pasaje de la escritura. Si quieres sanidad y salud en tu vida, busca la verdad que se encuentra en la Palabra de Dios en tu vida. El mayor deseo de Dios para ti es que andes en completa salud. Vendrá sólo cuando venga la verdad a tu vida.

Quiero dejarte con esta palabra de aliento y promesa de Ezequiel 12:28:

> *"Así ha dicho Jehová el Señor: No se tardará más ninguna de mis palabras, sino que la palabra que yo hable se cumplirá, dice Jehová el Señor".*

A través de todo este libro, te he dado muchas de las promesas para tu sanidad divina y para tu continua salud divina, contenidas en la Palabra de Dios. Es mi oración que al nutrirte y meditar en tu corazón sobre estas promesas, seas animado y retado a creer y a recibir de la bondadosa mano de Dios. Extiende tu mano en fe diciendo: Sí, Señor, yo creo que tu Palabra es verdad, y recibo mi milagro por fe. ¡Este es mi día para recibir un milagro!

Padre, afirma esta palabra de verdad hoy, confírmala en el nombre glorioso y poderoso de Jesús y trae sanidad.

"El es quien perdona todas tus iniqui-
dades; el que sana todas tus do-
lencias".

(Salmo 103:3)

Enfermedades y dolencias nombradas en el Antiguo y Nuevo Testamentos.

1. Esterilidad (*no hijos*) —Génesis 16:1; Génesis 20:1-7)

2. Ceguera (Génesis 27:1-2; Génesis 48:10; Levítico 21:18; Deuteronomio 28:28)

3. Ulceras (Exodo 9:10; Deuteronomio 28:28)

4. Lepra (Levítico 14-15; Mateo 8:1-4)

5. Defectos (Levítico 21:18)

6. Cojera (Levítico 21:18)

7. Desnarizado (Levítico 21:18)

8. Huesos rotos (Levítico 21:19)

9. Jorobas (Levítico 21:20)

10. Enanos (Levítico 21:20)

11. Sarna (Levítico 21:20; Deuteronomio 28:27)

12. Testículos magullados (Levítico 21:20)

13. Comezón (Levítico 21:21; Deuteronomio 28:27)

14. Consumo (*desgaste, posiblemente cáncer o tuberculosis*) —(Deuteronomio 28:22-35; Levítico 26:16)

15. Fiebre (Deuteronomio 28:22-27; Mateo 8:14)

16. Inflamación (Deuteronomio 28:22)

17. Picazón (*una terminología generalmente usada para las comezones de la piel, a veces visto como señal de lepra*) —Deuteronomio 28:27)

18. Quemazón (Deuteronomio 28:22; Levítico 26:16)

19. Pústula (Deuteronomio 28:17,35)

20. Locura (Deuteronomio 28:28; I Samuel 21:15)

21. Quemadura de sol (II Reyes 4:19,20)

22. Tumores (*hinchazones o tumores benignos*) — (Deuteronomio 28:27; I Samuel 5:6)

23. Disentería (*una enfermedad incurable de los intestinos, posiblemente disentería crónica*) — (II Crónicas 21:12-19)

24. Atrofia (*desgaste del cuerpo*) —Job 33:19; Salmo 102:5; Zacarías 14:12)

25. Llagas y heridas (Salmo 38:5; Isaías 1:6)

26. Enfermedades venéreas (Salmo 38)

27. Parálisis (Mateo 4:24; Mateo 8:6; Mateo 9:1-6)

28. Posesión demoníaca (Mateo 4:24; Mateo 10:1-8)

29. Epilepsia (Mateo 4:24; Mateo 17:15)

30. Flujo de sangre (Mateo 9:20)

31. Mudez *(sin voz, sin habla, sordo o mudo)* —Mateo 9:32)

32. Sordera (Mateo 11:5)

33. Hidropesía *(no es una enfermedad en sí misma sino una señal de enfermedad del hígado, riñones o corazón)* —Lucas 14:2

34. Tartamudez (Marcos 7:32)

35. Ulceras (Lucas 16:20)

36. Lisiados (Juan 5:5)

37. Parásitos (Hechos 12:23)

38. Mano seca *(una mano en la cual los músculos están tanto paralizados como encogidos, dejándola más corta y más delgada, deforme en comparación con la otra)* —(Mateo 12:10; Lucas 6:6,8)

39. Postillas *(una enfermedad crónica que forma una postilla en la cabeza y a veces se riega por todo el cuerpo)* —Levítico 21:20.

NOTAS DE MI ESTUDIO PERSONAL

NOTAS DE MI ESTUDIO PERSONAL

NOTAS DE MI ESTUDIO PERSONAL

NOTAS DE MI ESTUDIO PERSONAL

Esta es mi peticón:

_____

_____

_____

Fecha:_____

Resultado de mi petición:

_____

_____

_____

Fecha:_____

Esta es mi petición:

_____

_____

_____

Fecha:_____

Resultado de mi petición:

_____

_____

_____

Fecha:_____

Esta es mi petición:

_____

_____

_____

Fecha:_____

Resultado de mi petición:

_____

_____

_____

Fecha:_____

Esta es mi petición:

_____

_____

_____

Fecha:_____

Resultado de mi petición:

_____

_____

_____

Fecha:_____

Esta es mi petición:

_____

_____

_____

Fecha:_____

Resultado de mi petición:

_____

_____

_____

Fecha:_____

Esta es mi petición:

_____

_____

_____

Fecha:_____

Resultado de mi petición:

_____

_____

_____

Fecha:_____

Acerca del autor

Benny Hinn es el fundador y pastor del Centro Cristiano de Orlando, una iglesia interdenominacional en el estado de la Florida, EE.UU. La iglesia comenzó en marzo de 1983, con 250 personas, y tiene ya una asistencia de más de 7,000 cada semana. Su ministerio de televisión alcanza aproximadamente quince millones de vidas semanalmente a través de los servicios televisados desde el Centro Cristiano de Orlando.

El libro *Buenos Días, Espíritu Santo,* escrito por Hinn anteriormente, fue el libro cristiano de mayor venta en el año 1991, con más de medio millón de ejemplares en su edición en inglés. Este libro en su versión al español ha sido publicado por esta misma Editorial, y al igual que la edición en inglés, fue el libro de más rápida venta en el mismo año con una tirada de aproximadamente 100,000 copias

¡Buenos Días, Espíritu Santo!
Benny Hinn

En *¡Buenos Días, Espíritu Santo!*, Benny Hinn expone sus descubrimientos y las verdades que Dios le ha enseñado a través de los años. Obtendrás un conocimiento más profundo de la Deidad y de cómo los miembros de la Santísima Trinidad interactúan entre sí y con nosotros. También descubrirás:

- Cómo conocer la voz del Espíritu Santo
- Siete pasos hacia una vida de oración más efectiva
- La fuente y propósito de la unción divina
- La libertad del temor al pecado "imperdonable"
- El plan maestro de Dios para ti

498414 ISBN 1-56063-081-7

Adquiéralo en su librería favorita
Distribuido por Spanish House, Miami FL 33172